D1683449

Hans Ulrich Pfeiffer

Ansichten
vergangener Tage

Geiger-Verlag, Horb am Neckar

Autor:
Hans-Ulrich Pfeiffer
Hauptstraße 9
3575 Kirchhain 1 – Langenstein

ISBN 3-89264-443-8

Alle Rechte bei
Geiger-Verlag, 7240 Horb am Neckar
1. Auflage 1990
GD 810 06 0 BC
Layout: Karl Maria Wein
Gesamtherstellung: Geigerdruck GmbH, Horb am Neckar

Vorwort

Sie haben nun einen Bildband mit Abbildungen von alten Karten, überwiegend aus der Zeit um die Jahrhundertwende, vor sich liegen. Um einen Teil meiner Sammlung einer breiten Öffentlichkeit zugänglich zu machen, habe ich diesen Bildband zusammengestellt.
Die Originalkarten sind größtenteils farbig.
Da ich als Autor wesentlich jünger bin als die in diesem Buch abgebildeten Ansichtskarten, können sich zeitliche Ungenauigkeiten eingeschlichen haben. Für jede Richtigstellung und Ergänzung bin ich dankbar.
Bei den Datumsangaben handelt es sich meist um das Datum des Poststempels, die Entstehungszeit der Karten kann jedoch wesentlich früher liegen.
Noch einiges zu den Ansichtskarten selbst. Als die Glanzzeit der Ansichtspostkarte kann man die Jahre 1897 bis 1918 bezeichnen. In dieser Zeit wurde zum Teil sehr viel Aufwand an Drucktechnik und Handarbeit in einzelne Karten gelegt.
Die älteste in diesem Buch abgebildete Karte trägt einen Poststempel aus dem Jahr 1881, ob es noch ältere Karten von Marburg gibt, ist mir nicht bekannt.

In Marburg waren damals sehr viele Ansichtskartenverlage ansässig, damit ist wohl die Vielzahl der Karten von Marburg zu erklären.
Beim Betrachten dieses Bildbandes fällt Ihnen vielleicht auf, daß einige der Karten auf der Bildseite beschrieben sind. Der Grund dafür, in der damaligen Zeit, d. h. bis 1905, war die Rückseite der Karten nur der Anschrift vorbehalten. 1905 einigten sich die Postverwaltungen dann darauf, daß auch ein Teil der Rückseite für Mitteilungen verwendet werden durfte.
Die Karten erreichten meist am nächsten Tag den Empfänger, dies ist aus den Ankunftsstempeln zu ersehen. Viele der Karten wurden im Bahnpostwagen befördert und auch dort mit dem Bahnpoststempel abgestempelt.
Zum Schluß wünsche ich Ihnen viel Freude beim Betrachten der Bilder aus vergangener Zeit.
Vielleicht regt dieser Bildband auch den einen oder anderen Betrachter dazu an, dem recht interessanten Hobby des Kartensammelns nachzugehen. Selbst suche ich immer noch nach mir fehlenden Karten, um meine Sammlung zu erweitern.

Hans-Ulrich Pfeiffer

Prägekarte um 1903.

Steinweg um 1900 und ein sehr durstiger Zeitgenosse.

Im Fluge durch die Stadt.

Marburg, wie es L. Lange im Jahre 1840 sah.

Ansicht vom Cappelerberg auf das Schloß um 1900.

Stadtansicht von der Weintrautseiche um 1910.

Ansicht von der Schwanallee mit vor der Stadt weidenden Schafen.

Die Ketzerbach mit der Elisabethkirche im Hintergrund um 1900.

Am Lahnkanal um 1910.

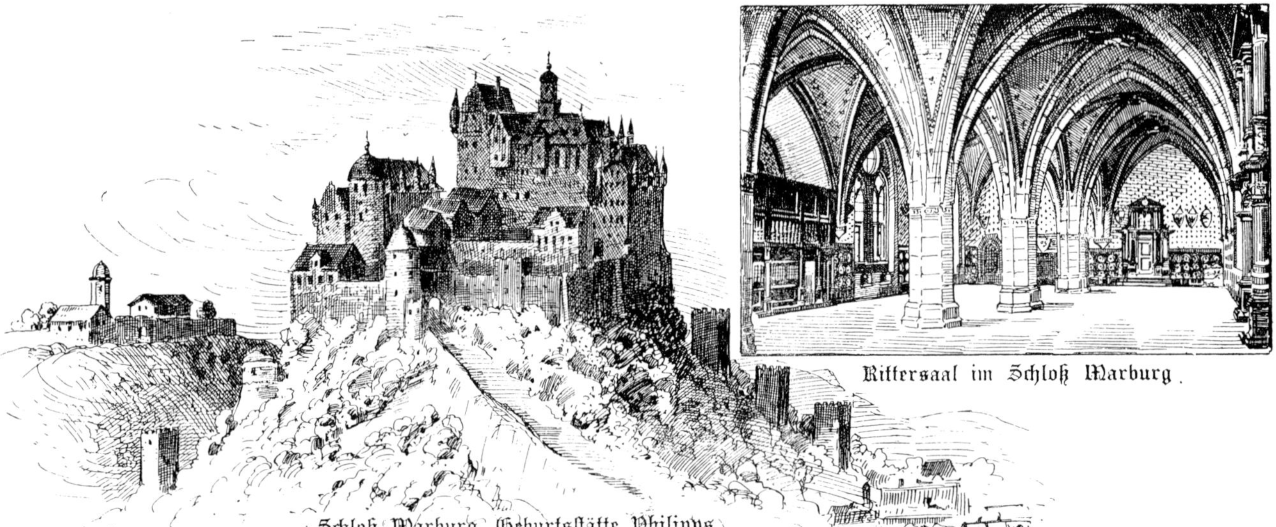

Schloß Marburg, Geburtsstätte Philipps
Ort des Religionsgespräches zwischen Luther und Zwingli
im 16. Jahrhundert

Rittersaal im Schloß Marburg.

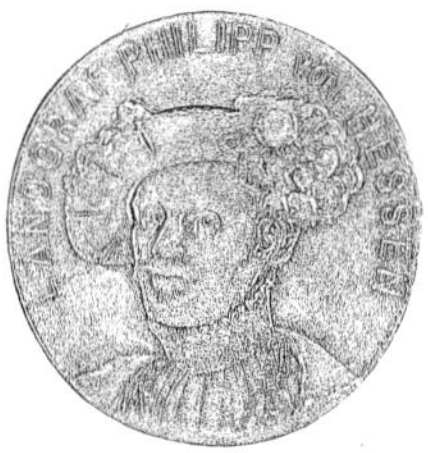

1504–1567

Diese Karte wurde um 1900 von einem Schweizer Verlag zum Gedenken an Landgraf Philipp gedruckt und sollte das Marburger Schloß darstellen.

Jugendstil-Prägekarte mit der Elisabethkriche aus dem Jahr 1902.

Jugenstilkarte, die von der Post 1907 innerhalb von Marburg befördert wurde.

Das Deutschordensgebäude.

Universität und Weidenhäuser Brücke um die Jahrhundertwende.

Die Universität, von der Lahnseite aus gesehen mit einigen Frauen, die Ihre Wäsche im Fluß waschen, um 1915.

Der Universitäts-Karzer um 1910.
An den Wänden haben sich viele Insassen, denen die Zeit lang wurde, verewigt.

Blick aufs Schloß mit Universität und der Herrenmühle. Poststempel 5. Juli 1909.

Weidenhausen um 1910.

Medizinische Klinik und eine Ruderpartie auf der Lahn um 1915.

Die Chirurgische Klinik um die Jahrhundertwende.

Die Augenklinik im Jahr 1915 in der damaligen Unteren Rosenstraße (Robert-Koch-Straße).

Fuchsschokolade auf dem Marktplatz vor dem Rathaus.

So stellte man sich 1906 den Marktplatz in der Zukunft vor, heute ist der Platz vor dem Rathaus jedoch autofrei.

Die Afföller Straße um 1910.

Bahnhofstraße mit dem alten Bahnhof um 1900.

Die Bahnhofstraße, hier schon mit dem neuen Bahnhof. Im Vordergrund links ist auch noch das Postamt zu sehen.

Die Barfüßerstraße mit den zahlreichen Geschäften.

Die Biegenstraße um 1910.

*Die Elisabethstraße/
Ecke Ketzerbach.
Poststempel
11. Dezember 1913.*

*Die Frankfurter Straße
um 1900.*

Der Friedrichsplatz und die abzweigenden Straßen um 1910.

*Der Hirschberg
in der Zeit um 1915.*

Das Kalbstor. Auf diesem Bild haben sich die Personen, wie damals üblich, für den Fotografen aufgestellt.

Die Hofstadt um 1915, links im Bild das Geschäft von Christina Zörb.

*Die Ketzerbach.
Im Hintergrund die
Elisabethkirche.
Poststempel
14. November 1917.*

*Am Pilgrimstein mit
einem Wagen der
Marburger Pferde-
bahn, die 1903 Ihren
Betrieb aufnahm.*

Marburg a. d. Lahn   Neustadt und Renthofstrasse.

Neustadt und Renthof um 1915.

Die recht belebte Reitgasse um 1905.

Die Reitgasse mit Beflaggung.

Die Untere Rosenstraße um 1905.

Der untere Bereich des Steinweges um 1900.

Der obere Teil des Steinweges um die Jahrhundertwende.

Die Schulstraße in der Zeit um 1910.

Die Schwanallee. Poststempel 11. Dezember 1915.

Die Universitätsstraße. Diese Karte wurde 1907 nach London befördert.

Blick auf den Wehrdaer Weg. Karte wurde 1907 nach Seattle USA befördert.

Die Weidenhäuser Straße um 1900.

Die Wettergasse um 1905.

Die Wilhelmstraße.
Die Karte wurde 1908 in die USA befördert.

Der Kaiser-Wilhelm-Turm um 1900.

Eine Eintrittskarte zum Kaiser-Wilhelm-Turm mit Hinweisen auf weitere Sehenswürdigkeiten in Marburg.

Die Bismarcksäule. 1903 von den Studenten und Bürgern Marburgs errichtet.

Wir Deutsche fürchten Gott, aber sonst nichts in der Welt.

Die Bismarcksäule in Marburg a. L. errichtet von den Studenten und Bürgern Marburgs 1903.

Hotel Mathaei in Bad Marbach. Poststempel 12. Juli 1897.

Der Fronhof im Jahr 1905.

Hotel zum Ritter, Marburg a. d. L.

Hotel zum Ritter. Poststempel 8. Juni 1932.

Gruß aus der „Alten Post" um 1897.

*Gasthaus zum „Alten Ritter"
am Marktplatz um 1900.*

Wirtschaft und Bäckerei von Eduard Burk um 1905.

Das Ausflugslokal Sellhof nahe Marburg. Poststempel 10. Januar 1900.

Das Ausflugslokal Dammühle bei Marburg um 1900.

Elisabeth-Brunnen b. Marburg a. L.

Ein beliebter Ausflugsort der Marburger Bürger der Elisabethbrunnen in der Nähe von Marburg um 1925.

Das alte Wirtshaus an der Lahn um 1910. Heute ist das Gebäude leider schon abgebrochen.

Der Elisabethhof bei Marburg um 1910.

Gruß vom Waldschlößchen zur Nehbrücke um 1910. Besteht heute auch nicht mehr.

*Der 1908 erbaute Bahnhof.
Davor die Marburger Pferdebahn
Poststempel 18. Dezember 1909.*

Auf dieser Karte ist noch der alte Bahnhof, der 1850 an der Main-Weser-Bahn eingeweiht wurde, zu sehen. Vorn links im Bild einige Marburger Jäger.

Der Marburger Süd-Bahnhof und Station der Kreisbahn. Bahnpoststempel 2. Juni 1922.

Marburg a. L.   Süd-Bahnhof.

Gruss aus Marburg a/L.   Kaiserliches Postamt.

Das Kaiserliche Postamt in der Bahnhofstraße um 1900.

55

Die Lohmühle um 1910.

Die Kaserne im Jahr 1913. Auf dem Hof Marburger Jäger beim Exerzieren.

Erinnerungskarte zur 100-Jahr-Feier des Kurhessischen Jäger-Bataillions No. 11 in Marburg im August 1913.

Prägekarte mit den Wappen der studentischen Verbindungen.

Typische Karte einer Studentenverbindung in Marburg. Diese Karte ist um 1900 im Scheiner Verlag Würzburg erschienen, wo viele Karten dieser Art gefertigt wurden.

MARBURG Blick nach Universität m. ref. Kirche v. d. Badeanstalt

Zur Erinnerung an den
2000 sten Student !
Mai 1909.

Eine Karte mit Blick auf die Universität.
Erschienen zur Erinnerung an den „2000sten" Studenten im Mai 1909.

Das Hessen-Preußen-Haus um 1910.

Sogenannte Kleeblattkarte mit Landleuten aus dem Kreis Marburg um 1900.

Festpostkarte zum 400jährigen Bestehen der Philipps-Universität mit entsprechendem Sonderstempel vom 30. Juli 1927.

Frühe Stadtansicht zur Erinnerung an die Feier des 700jährigen Todestages der heiligen Elisabeth in Marburg.

Karte anläßlich der Fahnenweihe des Post-Unterbeamten-Vereins in Marburg am 7. Juni 1903, mit dem Postamt.

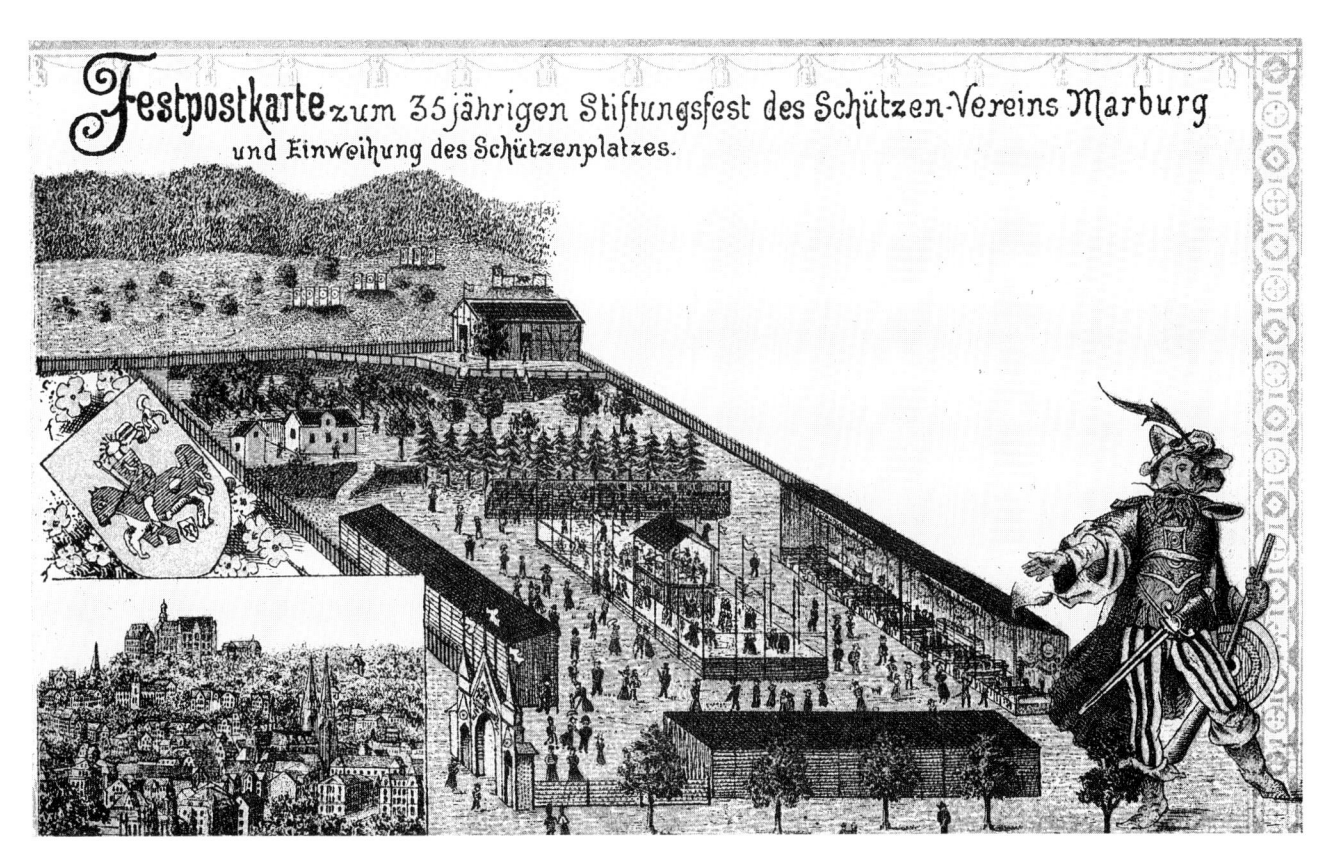

Festpostkarte zur Einweihung des Schützenplatzes des Schützen-Vereins Marburg von 1897.

Festpostkarte

zum

Gauverbands-Schiessen

zu

Marburg

am 3. bis 5. Juli 1910.

Diese Karte wurde anläßlich des Gauverbands-Schießens im Juli 1910 in Marburg herausgegeben.

Künstlerpostkarte von Ludwig Müller zum 5. Verbandsfest des hessischen Athletenverbandes in Marburg vom 4. bis 6. Juli 1903.

Gruß vom Sängerfest des Lahntal-Sängerbundes vom 9. bis 11. Juli 1898.

II. Verbands-ausstellung der Heerdbuchgesellschaften für das Vogelsberger Rind in Marburg im Juli 1900.

Künstlerpostkarte von Otto Ubbelohde. Hessisches Sänger-Bundesfest vom 5. bis 7. Juli 1902 in Marburg.

69

Margaretentag in Marburg am 12. Mai 1911. Karte vom Künstler Otto Ubbelohde.

Gruß vom Bachfest. Die Ketzerbach in Marburg im Jahr 1899.

Karte aus dem Ersten Weltkrieg mit dem Marktplatz.

*Stadtansicht Südseite.
Poststempel 11. Juli 1933.*

*Neujahrskarte 1915 mit
Ansicht der Universität.*

Anlagen des Naturheilvereins Marburg e. V. um 1907.

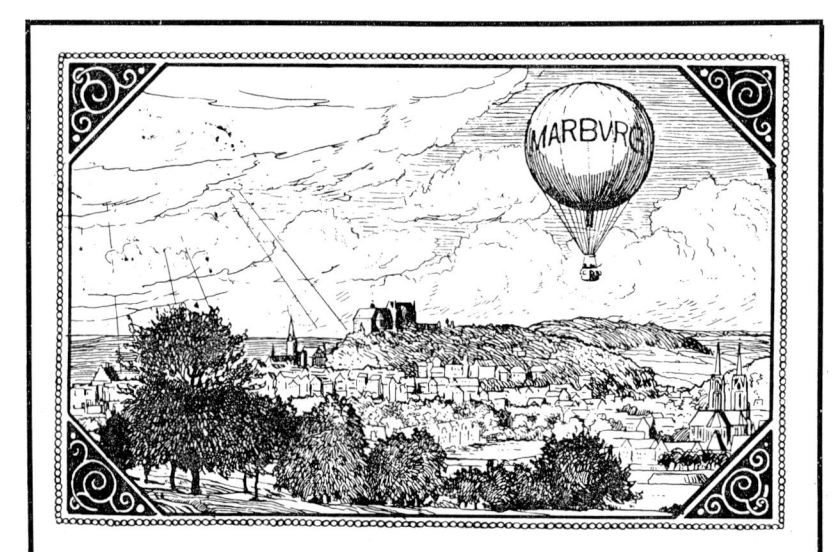

Ballon-Postkarte eines am 23. Juni 1912 in Marburg gestarteten Ballons des Vereins für Luftschiffahrt e. V. Marburg.

74

Besuch Ludendorff's in der Blindenlehranstalt zu Marburg am 26. Mai 1924.

Karte herausgegeben zum Besuch Ludendorffs in der Blindenlehranstalt zu Marburg am 26. Mai 1924.

Akademische Fußballmannschaft V.f.B. Marburg um 1915.

Durstige Grüße aus Marburg im Jahr 1906.

Eilgruß aus Marburg um 1905. Zu sehen ist die Bahnhofstraße.

Ansicht vom Cappelerberg mit Zeppelin-Luftschiff Viktoria Luise im Mai 1912.

Universitätsstraße um 1905. In der Bildmitte ist sehr gut die Synagoge zu erkennen.

Gruss aus Marburg a. L.

Graph. Verlagsanstalt Stern & Löb, Frankfurt a. M. — London.

Die Synagoge.

Die Synagoge im Jahr 1905.

Der Marktplatz aus der Sicht eines betrunkenen Zeitgenossen um 1905.

Künstlersteinzeichnung von der Reitgasse aus dem Jahr 1915.

Neujahrs-Glückwunschkarte mit Ansichten von Marburg zum Jahreswechsel 1891/92.

Winteransicht von Marburg im Jahr 1897.

Die Biegenstraße im Winter. Poststempel 31. Dezember 1931.

Sehr alte Karte von Marburg. Am 2. Januar 1881 nach Düsseldorf befördert.

*Alte Stadtansicht
aus dem Jahr 1890.
Poststempel 31. Dezember 1890.*

Das Restaurant Waldhaus von Witwe Dittwar in Ockershausen um 1915.

Künstlerpostkarte von Otto Ubbelohde. Poststempel 4. April 1924.

UNITAS MARBURG

Eine von Otto Ubbelohde signierte Karte aus dem Lahngarten in Wehrda aus dem Jahr 1901.

Karte des Akademischen Turnvereins aus dem Jahr 1919.

Akademischer Turnverein Marburg

Stadtansicht vom Stadion. Karte wurde vom Künstler Kurt Schmelz gezeichnet.

Die Bismarcksäule um die Jahrhundertwende.

Die Haspelstraße um 1905.
Künstlerpostkarte von Ludwig Müller.

Karte vom Künstler Erwin Spindler mit Ansicht vom Schloßberg und Trachten aus der Umgebung. Poststempel 14. September 1900.

*Prägekarte aus dem Jahr 1906
mit Universität und Schloß.*

...ich Gott im Neuen Jahre!

... a. L., Universität und Schloss.